물 아저씨 과학 그림책 13
폭풍은 이제 그만

2016년 12월 30일 1판1쇄 발행 | 2024년 2월 1일 1판15쇄 발행

글그림 | 아고스티노 트라이니   옮김 | U&J
펴낸이 | 나춘호   펴낸곳 | (주)예림당
등록 | 제2013-000041호   주소 | 서울시 성동구 아차산로 153
구매 문의 전화 | 561-9007   팩스 | 562-9007
책 내용 문의 전화 | 3404-9251
http://www.yearim.kr

책임 개발 | 박효정 / 서인하 문새미   디자인 | 이정애   저작권 영업 | 문하영 / 박정현
제작 | 신상덕 / 박경식   영업 홍보 | 김민경   마케팅 | 임상호 전훈승

ISBN 978-89-302-6782-3 74400
ISBN 978-89-302-6857-8 74400(세트)

이 책의 한국어판 저작권은 (주)예림당과 Atlantyca S.p.A.사와의 독점 계약으로 (주)예림당에 있습니다.
저작권법에 의해 한국 내에서 보호를 받는 저작물이므로 무단 전재와 복제를 금합니다.

All names, characters and related indicia contained in this book, copyright of Edizioni Piemme S.p.A., are exclusively licensed to Atlantyca S.p.A. in their original version. Their translated and/or adapted versions are property of Atlantyca S.p.A. All rights reserved.
Text and illustrations by Agostino Traini
©2015 Edizioni Piemme S.p.A., Palazzo Mondadori – Via Mondadori, 1 – 20090 Segrate
©2016 for this book in Korean language – YeaRimDang Publishing Co., Ltd.
International Rights   Atlantyca S.p.A. - foreignrights@atlantyca.it – www.atlantyca.com
Original Title: A SCUOLA DI TEMPESTA
Translation by: 폭풍은 이제 그만

No part of this book may be stored, reproduced or transmitted in any form or by any means, electronic or mechanical, including photocopying, recording, or by any information storage and retrieval system, without written permission from the copyright holder. For information address Atlantyca S.p.A.

물 아저씨 과학 그림책 13

폭풍은 이제 그만

글·그림 아고스티노 트라이니

아고와 피노는 아침 일찍부터 바다에 왔어요.
오늘부터 방학이라 신나게 배를 타기로 했거든요.
공기 아줌마와 물 아저씨는 아직 쿨쿨 잠을 자고 있어요.
햇빛에 반짝이는 바다는 잔잔해서 마치 거울 같아요.

"저것 봐! 굴뚝에서 나온 연기가 하늘로 똑바로 올라가지?
저건 바람이 전혀 불지 않는다는 뜻이야."
아고가 으쓱거리자, 문어 루카가 조용히 일러 주었어요.
"그래도 조심해야 해. 바다 날씨는 변화무쌍하니까."

아고와 피노는 돛을 활짝 펼치고 항해할 준비를 했어요.
잠에서 막 깨어난 공기 아줌마가 힘없이 입바람을 불어 주었지요.
배는 꿈쩍도 하지 않고 수증기만 살짝 움직였어요.

물 아저씨가 일어나 기지개를 켜자 바다에 물결이 살랑 일었어요.
"오늘 날씨가 좋지 않을 거라는데?"
신문을 보던 문어 디에고 아저씨의 말에 아고는 시무룩해졌어요.
"정말요? 안 되는데…."

공기 아줌마가 잠에서 완전히 깨어나 숨을 길게 내쉬었어요.
배가 움직이자 아고는 키를 잡고 넓은 바다로 향했어요.
"너무 멀리 가면 안 돼. 저쪽에서 파도가 조금씩 올라오고 있어."
등대지기 보라예요. 보라는 바다에 대해 누구보다 잘 알아요.

보라의 머리카락이 바람에 흩날렸어요.
"오늘 아고와 피노가 많은 걸 배우겠구나. 잘 해낼 수 있도록 내가 도와줘야지."
물 아저씨는 빙긋 미소를 지었어요.

공기 아줌마가 숨을 더욱 크게 내뱉자, 돛이 팽팽해지며
배가 빠르게 나아갔어요. 파도도 조금 높아졌지요.
"저 앞에 암초를 조심해!"
아고는 재빨리 방향을 틀어 암초를 아슬아슬하게 피했어요.

"아고, 피노! 우리 누가 빠른지 시합할까?"
"좋아요!"
물 아저씨의 말에 피노가 키를 고쳐 잡으며 힘차게 대답했어요.
"자, 간다! 꽉 잡아."

공기 아줌마가 숨을 길게 내쉴 때마다, 배가 쏜살처럼 빨라졌어요.
문어 디에고 아저씨의 신문이 바람에 펄럭이며 하늘로 날아갔지요.
물 아저씨는 뱃머리에 파도를 철썩철썩 부딪치며 장난을 쳤어요.

"좀 더 빠르게 해 줄까?"
공기 아줌마가 숨을 훅 내뱉자 바람이 더 세졌어요.
작은 나무가 이리저리 흔들리고, 나뭇잎이 흩날렸어요.

어느새 물 아저씨의 몸도 점점 커져 파도가 더욱 높아졌어요.
바람이 너무 거세 아고는 배를 운전할 수가 없었어요.
"너무 멀리 왔어. 그만 되돌아가야 해."
아고가 놀라서 소리쳤어요.

물 아저씨는 아고와 피노에게 바다가 얼마나 위험한지
알려 주기로 했어요. 그래서 몸을 부풀려 더 큰 파도를 만들었지요.
공기 아줌마도 세찬 바람을 일으켜, 물 아저씨의 몸이 집채만큼
커지도록 도왔어요. 하얀 물보라도 생겨났어요.

휘이잉! 바람은 이제 사람이 걷기 힘들 만큼 거세졌어요.
성난 파도의 물거품이 바람에 날렸지요.
결국 아고와 피노가 탄 배의 돛이 찢어지고 말았어요.

게다가 저 멀리서 먹구름이 몰려오기 시작했어요.
"이런, 어서 구명 튜브를 입어. 상황이 더 안 좋아질 것 같아!"
물 아저씨가 머리 위에 보글보글 흰 거품을 흔들며 말했어요.

마침내 먹구름이 하늘을 까맣게 뒤덮고 비를 뿌렸어요.
바람과 파도는 누가 더 큰지 대결하는 것 같았어요.
나뭇가지가 우두둑 부러져 하늘로 날아갔어요.
먹구름 속에서 번개가 번쩍번쩍 내리쳤지요.

우지끈! 배의 돛대가 번개를 맞아 결국 부러지고 말았어요.
배는 울렁이는 파도를 따라 오르락내리락했어요.
"물 아저씨, 정말 무서워요! 이제 집에 가고 싶어요!"
아고와 피노가 울먹였어요.

휴, 수영할 줄 알아서 다행이야.

산처럼 커진 물 아저씨는 아고와 피노의 말이 들리지 않는지, 콧잔등 위에 배를 올려놓고 계속 장난을 쳤어요. 공기 아줌마는 있는 힘껏 바람을 불어 커다란 파도들을 계속 만들었지요.

아고와 피노는 단 한 번도 이런 일을 겪은 적이 없었어요.
더 이상 즐겁지 않았어요. 그저 무서울 뿐이었지요.

바람이 더 세졌어요. 뿌리째 뽑힌 나무들이
하늘을 날아다니고, 낡은 건물들은 두 동강이 났어요.
"아고야, 피노야! 어서 내 등에 올라타!"
물 아저씨가 불러온 고래 아저씨가 나타났어요.

아고와 피노가 고래 아저씨의 등에 옮겨 타자마자, 위태롭게
흔들리던 아고와 피노의 배가 파도 속으로 가라앉았어요.
그사이 물 아저씨는 공기 아줌마를 달래기 시작했어요.

고래 아저씨는 침착하게 성난 파도 사이를 헤엄쳤어요.
힘센 고래 아저씨의 등은 세상에서 가장 안전한 배 같았지요.
하지만 폭풍은 거세지고, 우르르 쾅쾅 천둥까지 치기 시작했어요.

곧 아고와 피노의 눈앞에 무시무시한 파도가 펼쳐졌어요.
이런! 아고와 피노가 거친 파도 속으로…   …빨려 들어가요.
어서 파도 밖으로 빠져나와야 해요.

어쩌다 여기까지 왔어?

나도 몰라!

이제 바람을 멈춰야 해!

다행히 공기 아줌마의 힘이 빠져 바람이 멈추었어요.
"이제 안심해. 하지만 바다에선 항상 조심해야겠지?"
물 아저씨가 멋지게 철썩 뛰어오르며 말했어요.

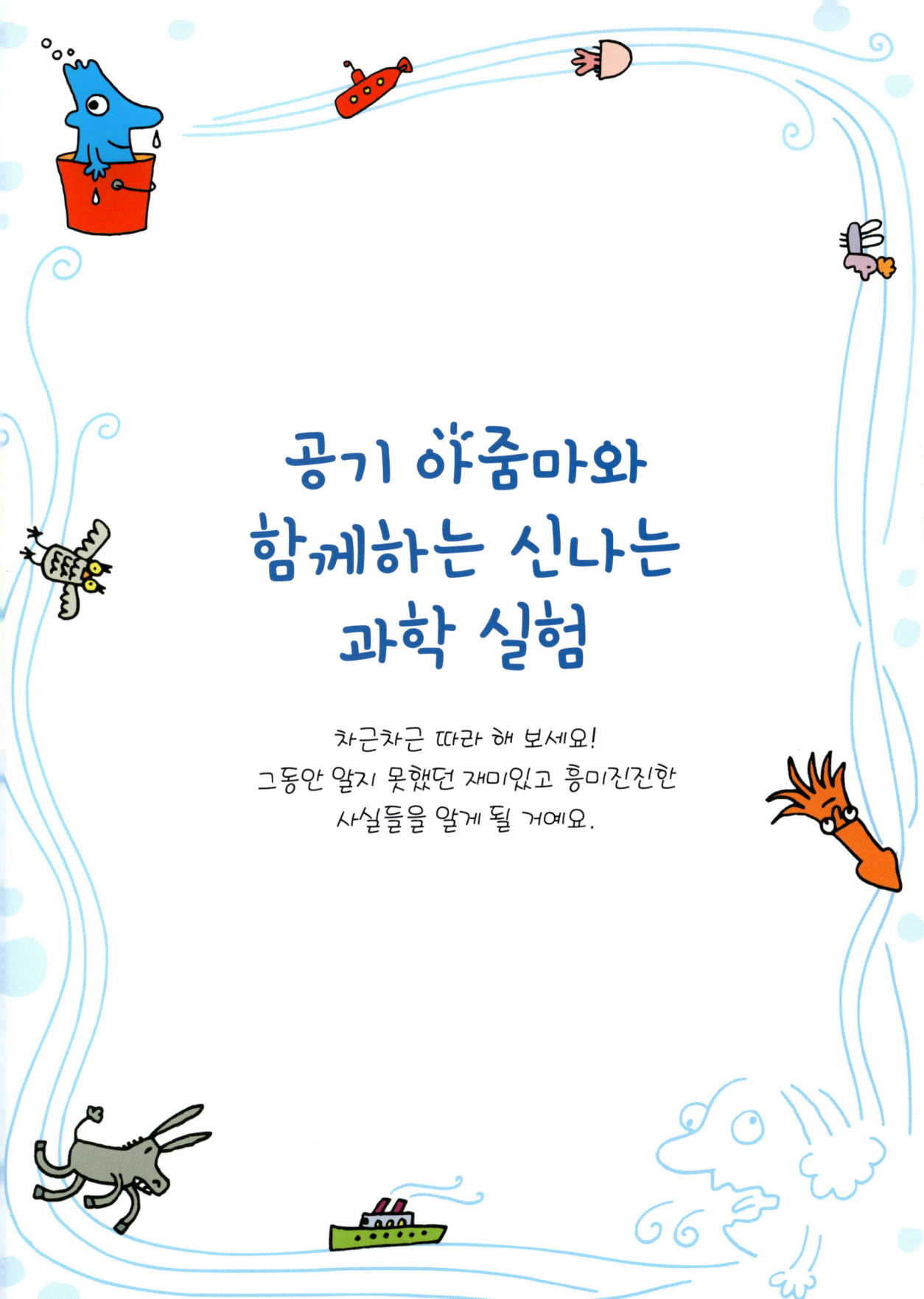

공기 아줌마와 함께하는 신나는 과학 실험

차근차근 따라 해 보세요!
그동안 알지 못했던 재미있고 흥미진진한
사실들을 알게 될 거예요.

휭휭 바람개비

준비물

 컴퍼스 또는 원을 그릴 수 있는 도구

 색종이

 못 여러 개

 빨대 1개

 어른 1명

 나무 막대

 망치

 가위

난이도

1 지름이 10센티미터인 원을 그리고, 가위로 오려요. 가위질을 할 때는 항상 손을 조심해요!

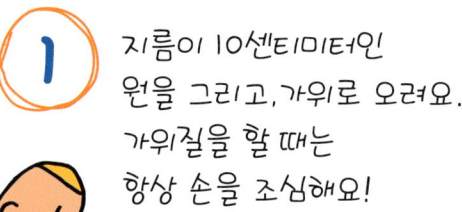

2 원의 가장자리를 돌아가며 안쪽으로 굽어지게 조금씩 오려요. 혼자 못하겠으면, 어른에게 도와달라고 하세요.

팽그르르 풍향계

준비물

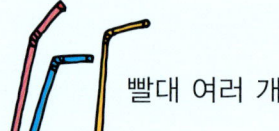 빨대 여러 개

 가위

 고무찰흙

 스테이플러

 4센티미터짜리 긴 못

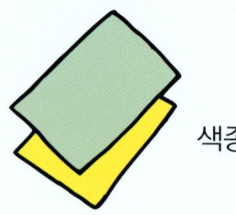 색종이

난이도

1 빨대에서 꺾어지는 부분을 잘라 낸 다음, 빨대를 세로로 잘라요.

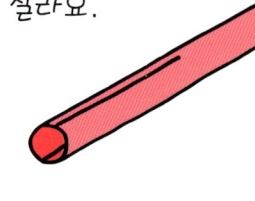

2 색종이로 풍향계 꼬리를 만들어서 잘라 놓은 빨대 부분에 꽂아 스테이플러로 단단히 고정시켜요.

3 빨대의 반대쪽에 둥글게 만든 고무찰흙을 꽂아요.

4 풍향계를 손가락 위에 올려놓고 균형을 이루는 부분을 찾아요.

5 균형이 잡히는 부분에 못을 꽂고, 또 다른 빨대를 끼워서 연결해요. 그리고 바람이 많이 부는 장소에 세워 두요.

풍향계의 머리가 가리키는 쪽이 바람이 불어오는 방향이에요. 머리가 남쪽을 가리키면 바람이 남쪽에서 북쪽으로 불고 있는 거지요. 이 바람을 남풍이라고 해요.

아고스티노 트라이니는 누구일까요?

저는 1961년에 태어났어요.
어렸을 때는 몰랐어요.

커서 그림책을 만드는 사람이
될 줄 말이에요.

한 권의 책을 만들려면 먼저
좋은 생각이 떠올라야 해요.

보통은 재미있는 등장인물들이
머릿속에 떠올라요.

엉뚱한 상황들도요.

하지만 가끔은 아무 생각도
나지 않을 때가 있어요!

생각이 떠오르면 그림을 그리기 시작해요. 먼저 연필로 그린 다음, 검은색 잉크로 다시 그려요.

그런 다음, 모든 장면을 색칠해요. 붓과 물감을 쓰기도 하고

컴퓨터로 작업할 때도 있어요. 이 책은 컴퓨터로 만들었어요.

이 모든 작업이 끝나면 인쇄해서 책이 완성됩니다. 정말 행복한 순간이지요!

Agostino Traini

아래의 주소로 저에게 이메일을 보낼 수 있어요.
agostinotraini@gmail.com

과학 공부의 시작은 물 아저씨와 함께!
세상 곳곳의 신기한 과학 현상을 배우며
지적 호기심을 가득 채워 보세요!

글·그림 아고스티노 트라이니 | 175×240mm | 32~48쪽 | 각 권 8,500원

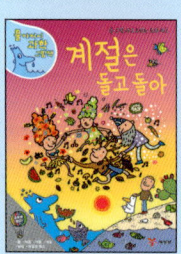

1 물 아저씨는 변신쟁이
2 공기 아줌마는 바빠
3 해 아저씨는 밤이 궁금해
4 키다리 나무 아저씨의 비밀
5 계절은 돌고 돌아
6 물 아저씨와 감각 놀이
7 알록달록 색깔이 좋아
8 화산은 너무 급해
9 물 아저씨는 힘이 세
10 농장은 시끌벅적해
11 바람 타고 세계 여행
12 불 아저씨는 늘 배고파
13 폭풍은 이제 그만
14 물 아저씨와 몸속 탐험
15 옛날에 공룡이 살았어

물 아저씨와 **건강한 먹거리**

물 아저씨와 **신나는 크리스마스**

물 아저씨와 건강한 먹거리
물 아저씨와 신나는 크리스마스

글·그림 아고스티노 트라이니 | 220×280mm | 32쪽 | 각 권 13,000원